Todos los libros de Linkgua Ediciones cuentan con modelos de Inteligencia Artificial entrenados por hispanistas. Pregúntale al chat de tu libro lo que desees acerca de la obra o su autor/a.

Para **ebooks**: Accede a nuestro modelo de IA a través de este enlace.

Para **libros impresos**: Escanea el código QR de la portada con tu dispositivo móvil.

Obtén análisis detallados de nuestros libros, resúmenes, respuestas a tus preguntas y accede a nuestras ediciones críticas generativas para una experiencia de lectura más enriquecedora.
La transparencia y el respeto hacia la autoría de las fuentes utilizadas son distintivos básicos de nuestro proyecto. Por ello, las respuestas ofrecen, mediante un sistema de citas, las fuentes con las que han sido elaboradas.

Gertrudis Gómez de Avellaneda

Autobiografía

Barcelona 2024
Linkgua-ediciones.com

Créditos

Título original: Gertrudis Gómez de Avellaneda.

© 2024, Red ediciones S.L.

e-mail: info@linkgua.com

Diseño de la colección: Michel Mallard.

ISBN rústica ilustrada: 978-84-9953-609-5.
ISBN ebook: 978-84-9897-127-9.

Sumario

Brevísima presentación

La vida

Gertrudis Gómez de Avellaneda (Camagüey, 1814-Madrid, 1873). Cuba.

Era hija de un oficial de la marina española y de una cubana. Escribió novelas y dramas y fue actriz. Estudió francés y leyó mucho, sobre todo autores españoles y franceses. Tras una corta estancia en Burdeos, vivió un año en La Coruña y después en Sevilla, donde conoció a Ignacio Cepeda, con quien tuvo un romance. Por esta época ejerció el periodismo y estrenó su primer drama. Su creciente prestigio literario le permitió establecer amistad con Espronceda y Zorrilla. Poco después se casó con Pedro Sabater, quien murió tres meses más tarde.

Tras un retiro conventual, la Avellaneda volvió a Madrid y, entre 1846 y 1858, estrenó al menos trece obras dramáticas. Hacia 1853 quiso entrar en la Academia Española, pero se le negó por ser mujer. En 1855 se casó con el coronel Domingo Verdugo, conocida figura política que en 1858 fue víctima de un atentado. Más tarde éste fue nombrado para un cargo oficial en Cuba. Entonces la Avellaneda dirigió en La Habana la revista Álbum cubano de lo bueno y de lo bello (1860).

Su marido murió en 1863 y ella se fue a los Estados Unidos. Estuvo en Londres y París y regresó a Madrid en 1864.

Durante los cuatro años siguientes vivió en Sevilla. Utilizó el seudónimo de La peregrina.

La autobiografía de Gertrudis Gómez de Avellaneda, es en realidad la primera de las numerosas cartas dirigidas a Ignacio de Cepeda y Alcalde. Dichas cartas empiezan el 23 de julio de 1839 y la última que se conserva es del 26 de marzo de 1854.

Autobiografía

Confesión

23 de julio, a la una de la noche. En Sevilla, año de 1839.

Amigo mío:

La confesión, que la supersticiosa y tímida conciencia arranca a un alma arrepentida a los pies de un ministro del cielo, no fue nunca más sincera, más franca, que la que yo estoy dispuesta a hacer a usted. Después de leer este cuadernillo me conocerá usted tan bien o acaso mejor que a sí mismo. Pero exijo dos cosas. Primera: que el fuego devore este papel inmediatamente que sea leído. Segunda: que nadie más que usted en el mundo tenga noticias de que ha existido.

Usted sabe que he nacido en una ciudad del centro de la Isla de Cuba, a la cual fue empleado mi padre en el año de nueve, y en la cual casó, algún tiempo después, con mi madre, hija del país.

No siendo indispensables extensos datos sobre mi nacimiento para la parte de mi historia, que pueda interesar a usted, no le enfadaré con inútiles pormenores, pero no suprimiré tampoco algunos que puedan contribuir a dar a usted más exacta idea de los hechos posteriores.

Cuando comencé a tener uso de razón, comprendí que había nacido en una posición social ventajosa: que mi familia materna ocupaba uno de los primeros rangos del país, que mi padre era un caballero y gozaba toda la estimación que merecía por sus talentos y virtudes, y todo aquel prestigio que en una ciudad naciente y pequeña gozan los empleados de cierta clase. Nadie tuvo este prestigio en tal grado: ni sus antecesores ni sus sucesores en el destino de los comandantes de los puertos, que ocupó en el centro de la isla; mi padre daba brillo a su empleo con sus talentos distinguidos y había sabido proporcionarse las relaciones más honoríficas en Cuba y en España. Pronto cumplirán dieciséis años de su muerte; mas estoy cierta, muy cierta, que aún vive su memoria en Puerto Príncipe, y que no se pronuncia su nombre sin elogios y bendiciones; a nadie hizo mal, y ejecutó todo el bien que pudo. En su vida pública y en su vida privada, siempre fue el mismo: noble, intrépido, veraz, generoso e incorruptible.

Sin embargo, mamá no fue dichosa con él; acaso porque no puede haber dicha en una unión forzosa, acaso porque siendo demasiado joven y mi padre más maduro, no pudieron tener simpatías. Mas siendo desgraciados, ambos fueron por lo menos irreprochables. Ella fue la más fiel y virtuosa de las esposas, y jamás pudo quejarse del menor ultraje de su dignidad de mujer y de madre.

Disimule usted estos elogios: es un tributo que debo rendir a los autores de mis días, y tengo cierto orgullo cuando al recordar las virtudes, que hicieron tan estimado a mi padre, puedo decir: soy su hija.

Aún no tenía nueve años cuando le perdí. De cinco hermanos que éramos solo quedábamos a su muerte dos: Manuel y yo; así es que éramos tiernamente queridos, con alguna preferencia por parte de mamá hacia Manolito y de papá hacia mí. Acaso por esto, y por ser mayor que él cerca de tres años, mi dolor en la muerte de mi papá fue más vivo que el de mi hermano. Sin embargo, ¡cuán lejos estaba entonces de conocer toda la extensión de mi pérdida!

Algunos años hacía que mi padre proyectaba volver a España y establecerse en Sevilla; en los últimos años de su vida esta idea fue en él más fija y dominante. Quejóse de no dejar sus huesos en la tierra nativa, y pronosticando a Cuba una suerte igual a la de otra isla vecina, presa de los negros, rogó a mamá que se viniese a España con sus hijos. Ningún sacrificio de intereses, decía, es demasiado: nunca se comprará cara la ventaja de establecerse en España. Estos fueron sus últimos votos, y cuando más tarde los supe deseé realizarlos. Acaso este ha sido el motivo de mi afición a estos países y del anhelo con que a veces he deseado abandonar mi patria para venir a este antiguo mundo.

Quedó mamá joven aún, rica, hermosa (pues lo ha sido en alto grado) y es de suponer que no le faltarían amantes, que aspiraran a su mano. Entre ellos, Escalada, teniente coronel del regimiento que entonces guarnecía a Puerto Príncipe, joven también, no mal parecido, y atractivo por sus dulces modales y cultivado espíritu. Mamá le amó acaso con sobrada ligereza, y antes de los diez meses de haber quedado huérfanos, teníamos un padrastro. Mi abuelo, mis tíos y toda la familia, llevó muy a mal este matrimonio; pero mi mamá tuvo para esto una firmeza de carácter, que no había manifestado antes, ni ha vuelto a tener después. Aunque tan niña, sentí herido por este golpe mi corazón; sin embargo, no eran consideraciones mezquinas de intereses las que me hicieron tan sensible a ese casamiento: era el dolor de ver tan presto ocupado el lecho de mi padre y un presentimiento de las consecuencias de esta unión precipitada.

Afortunadamente solo un año estuvimos con mi padrastro, pues, aunque una Real orden inicua y arbitraria nos obligaba a permanecer bajo su tutela, la suerte nos separó. Su regimiento fue mandado a otra ciudad, y mamá no se resolvió a dejar su país y sus intereses para seguirle. Ocho años duró esta separación; solo dos o tres meses cada año iba Escalada a Puerto Príncipe con licencia, y se portaba entonces muy bien con mamá y nosotros. ¡Por tanto, éramos felices! Aunque tenía mamá otros hijos de sus segundas nupcias, su cariño para con nosotros era el mismo. A Manuel, sobre todo, siempre lo ha querido con una especie de idolatría, y a mí lo bastante para no poder formar la menor queja. Dábaseme la más brillante educación que el país proporcionaba, era celebrada, mimada, complacida hasta en mis caprichos, y nada experimenté que se asemejase a los pesares en aquella aurora apacible de mi vida.

Sin embargo, nunca fui alegre y atolondrada, como lo son regularmente los niños. Mostré desde mis primeros años afición al estudio y una tendencia a la melancolía. No hallaba simpatías en las niñas de mi edad; tres solamente, vecinas mías, hijas e un emigrado de Santo Domingo, merecieron mi amistad. Eran tres lindas criaturas de un talento natural despejadísimo. La mayor de ellas tenía dos años más que yo, y la más chica dos años menos. Pero esa última era mi predilecta, porque me parecía, aunque más joven, más juiciosa y discreta que las otras. Las Carmonas (que este era su apellido) se conformaban fácilmente con mis gustos y los participaban. Nuestros juegos eran representar comedias, hacer cuentos, rivalizando a quién los hacía más bonitos, adivinar charadas y dibujar en competencia flores y pajaritos. Nunca nos mezclábamos en los bulliciosos juegos de las otras chicas con quienes nos reuníamos.

Más tarde, la lectura de novelas, poesías y comedias, llegó a ser nuestra pasión dominante. Mamá nos reñía algunas veces, porque, siendo ya grandecitas, descuidáramos tanto nuestros adornos, y huyéramos de la sociedad como salvajes. Porque nuestro mayor placer era estar encerradas en el cuarto de los libros, leyendo nuestras novelas favoritas y llorando las desgracias de aquellos héroes imaginarios, a quienes tanto queríamos.

De este modo cumplí trece años. ¡Días felices que pasaron para no tornar!...

25 por la mañana

Mi familia me trató casamiento con un caballero del país, pariente lejano de nosotros. Era un hombre de buen aspecto personal y se le reputaba el mejor partido del país. Cuando se me dijo que estaba destinada a ser su esposa, nada vi en este proyecto que no me fuese lisonjero. En aquella época, comenzaba a presentarme en los bailes, paseos y tertulias, y se despertaba en mí la vanidad de mujer. Casarme con el soltero más rico de Puerto Príncipe, que muchas deseaban, tener una casa suntuosa, magníficos carruajes, ricos aderezos, etcétera, era una idea que me lisonjeaba. Por otra parte, yo no conocía el amor sino en las novelas que leía, y me persuadí desde luego que amaba locamente a mi futuro. Como apenas le trataba, y no le conocía casi nada, estaba a mi elección darle el carácter que más me acomodase. Por de contado me persuadí, que el suyo era grande, noble, generoso y sublime. Prodigóle mi fecunda imaginación ideales perfecciones, y vi en él reunidas todas las cualidades de los héroes de mis novelas favoritas: el valor de un Oroondates, el ingenio y la sensibilidad emocionada de un Saint-Preux, las gracias de un Lindor y las virtudes de un Grandisón. Me enamoré de este ser completo, que veía yo en la figura de mi novio. Por desgracia, no fue de larga duración mi encantadora quimera; a pesar de mi preocupación, no dejé de conocer harto pronto, que aquel hombre no era grande ni amable sino en mi imaginación; que su talento era muy limitado, su sensibilidad muy común, sus virtudes muy problemáticas. Comencé a entristecerme y a considerar mi matrimonio bajo un punto de vista menos lisonjero. En aquella época mi futuro tuvo precisión de ir a La Habana, y su ausencia, que duró diez meses, me proporcionó la ventaja de poder olvidar mis compromisos. Como no veía a mi novio, ni casi se me hablaba de él, apenas, rara vez, me acordaba vagamente que existía en el mundo. La Amistad ocupaba entonces toda mi alma. Adquirí una nueva amiga en una prima que, educada en un convento, comenzó entonces a presentarse en sociedad. Era una criatura adorable; yo, que no amaba a ninguna de mis otras primas, me incliné a ella desde el primer momento en que la vi.

He notado en el curso de mi vida, que si alguna vez se ha engañado mi corazón, más frecuentemente ha tenido un instinto feliz y prodigioso en sus primeros impulsos. Rara vez he encontrado simpatía en aquellas personas que, a primera vista, me han chocado, y en muchas he adivinado en dicha primera vista el objeto de mi futuro afecto.

Mi prima obtuvo desde luego mi simpatía, y no tardó en ocupar un lugar distinguido en mi amistad. Únicamente Rosa Carmona la rivalizaba, pues ninguna de las otras dos Carmonas fueron para mí tan queridas como ella. Cuando estábamos todas reunidas, hablábamos de modas, de bailes, de novelas, de poesías, de amor y de amistad. Cuando Rosa, mi prima, y yo estábamos solas, solíamos ocuparnos de objetos más serios y superiores a nuestra inteligencia. Muchas veces nuestras conversaciones tenían por objeto los cultos, la muerte y la inmortalidad. Rosa tenía mucho juicio en cuanto decía, y yo admiraba siempre la exactitud de sus raciocinios; en cuanto a mi prima, era como yo, una mezcla de profundidad y ligereza, de tristeza y alegría, de entusiasmo y desaliento; como yo, reunía la debilidad de mujer y la frivolidad de niña con la elevación y profundidad de sentimientos, que solo son propios de caracteres fuertes y varoniles. ¡Yo no he encontrado en nadie mayores simpatías!

Siendo las cinco jóvenes, no feas, y gozando reputación de talento, fuimos pronto las señoritas de moda en Puerto Príncipe. Nuestra tertulia, que se formó en mi casa, era brillantísima para el país: en ella se reunía la flor de la juventud del otro sexo y las jóvenes más sobresalientes. Todos los forasteros de distinción que llegaban a Puerto Príncipe solicitaban ser introducidos en nuestra sociedad, y nos llevábamos todas las atenciones en los paseos y bailes. Atrajimos la envidia de las mujeres, pero gozábamos la preferencia de los hombres, y esto nos lisonjeaba.

Volvió en eso mi novio; pero yo no le vi sin una especie de horror; desnudo del brillante ropaje de mis ilusiones, parecióme un hombre odioso y despreciable. Mi gran defecto es no poder colocarme en el medio y tocar siempre los extremos. Yo aborrecía a mi novio tanto como antes creí amarlo. Él no pudo apercibir mi mudanza porque jamás habíale yo mostrado mi afecto. Mis ilusiones nacieron y acabaron allá en lo secreto de mi corazón, porque, tan tímida como apasionada, no concebía yo que se pudiera, sin morir de vergüenza, decir a un hombre: yo te amo. Como no debía casarme hasta los dieciocho años, y solo tenía quince, y como mi novio me visitaba muy poco, aquel matrimonio me ocupaba menos de lo que debía. Mirábalo remoto, gozaba lo presente y no interrogaba al porvenir.

Lola (la segunda de las Carmonas) y mi prima, entablaron relaciones de amor casi al mismo tiempo, y esta circunstancia, al parecer sencilla para mí, tuvo, no obstante, una notable influencia; ellas amaban y eran amadas con entusiasmo: yo era la confidente de ambas. Entonces se operó en mí una mudanza repentina y extraña. Híceme huraña y caprichosa; las diversiones y el estudio dejaron de tener atractivos para mí. Huía de la sociedad y aun de mis amigas; buscaba la soledad para llorar sin saber por qué, y sentía un abismo en mi corazón. Yo no era ya el objeto más amado de dos de mis amigas; ellas gozaban en otro sentimiento una felicidad que yo no conocía. ¡Yo sentía celos y envidia! Pensando en aquella ventura, que mi imaginación engrandecía, invocaba al objeto que podía dármela: ¡aquel objeto ideal que formé en los primeros sueños de mi entusiasmo! Creía verle en el Sol y en la Luna, en el verde de los campos y en el azul del cielo; las brisas de la noche me traían su aliento, los sonidos de la música el eco de su voz. Yo le veía en todo lo que hay de grande y hermoso en la naturaleza. ¡Deliraba como con una calentura!

Sin embargo, aquella situación no estaba destituida de encantos. Yo gozaba llorando y esperaba realizar algún día los sueños de mi corazón.

¡Cuánto me engañaba!... ¿Dónde existe el hombre que pueda llenar los votos de esta sensibilidad tan fogosa como delicada? ¡En vano le he buscado nueve años! ¡En vano! He encontrado ¡hombres!, hombres todos parecidos entre sí; ninguno ante el cual pudiera postrarme con respeto y decirle con entusiasmo: tú serás mi Dios sobre la tierra, tú el dueño absoluto de esta alma apasionada. Mis afecciones han sido por esta causa débiles y pasajeras. Yo buscaba un bien que no encontraba y que acaso no exista sobre la tierra. Ahora ya no le busco, no le espero, no le deseo; por eso estoy más tranquila.

Esta tarde o mañana continuaré escribiendo. Adiós.

25 por la tarde

Fue introducido en nuestra tertulia un joven, que apenas conocía. Una antigua enemistad, trasmitida de padres a hijos, dividía a las dos familias de Loynaz y Arteaga. El joven pertenecía a la primera y mamá a la segunda; por consiguiente, ninguna relación existió hasta entonces entre nosotros. Un primo mío había sido el primero que rompiera la valla, uniéndose en amistad con un Loynaz. Las familias, que en un principio llevaron muy a mal esa amistad, por fin se desentendieron, y Loynaz, prevaliéndose de ella, solicitó visitarme. Mamá lo rehusó algún tiempo; pero tanto instó mi primo, tanto ridiculicé yo aquella enemistad rancia y pueril, que al fin cedió, y Loynaz tuvo entrada en casa. No tardó en granjearse la benevolencia de mamá, y en ser el más deseado de la tertulia. Aunque muy joven, su talento era distinguido, su figura bellísima y sus modales atractivos.

Mis compromisos y la enemistad de nuestras familias eran dos motivos poderosos para alejar de él toda esperanza respecto a mí; pero sin tomar el aire de un amante, él supo mostrar una preferencia que me lisonjeaba. Nuestras relaciones eran meramente amistosas y toda la tertulia las consideraba así. En cuanto a mí, no me detenía en examinar la naturaleza de mis sentimientos; leía con Loynaz poesías, cantaba dúos al pino con él, hacíamos traducciones y no tenía yo tiempo para pensar en nada, sino en la dicha que era para mí la adquisición de un tal amigo.

Por el verano nos fuimos al campo, a una posesión próxima a la ciudad, y me llevé conmigo a Rosa Carmona, que, desde que mi prima tenía amante, había llegado a ser mi amiga predilecta. Loynaz, mis primos y muchos amigos de ambos sexos, iban a visitarnos con frecuencia. ¡Tuve días deliciosos! Sin embargo, entonces mismo se me ofrecieron motivos de inquietud y de penas. Yo estaba encantada con Loynaz; pero me hallaba muy lejos de creerle el hombre según mi corazón. Encontrábale más talento que sensibilidad y en su carácter un fondo de ligereza que me disgustaba. Como amante, no llenaba él mis votos, mas le miraba como amigo y me había aficionado mucho a su trato. Rosa me hizo entrar en aprensión. Empeñóse en persuadirme que nuestra pretendida amistad no era más que un amor disfrazado, y por lo mismo más peligroso. Recordábame sin cesar mis compromisos, y hacía de mi novio elogios que yo hasta entonces no le había oído. Ponderando las ventajas de aquel matrimonio, me intimidaba al mismo tiempo con suponerlo inevitable, porque solo con escándalo y afligiendo a mi familia, decía ella, podría yo romper un empeño tan serio y tan antiguo.

A fuerza de decirme que yo amaba a Loynaz, llegó a persuadírmelo; pero como siempre conocía yo que no era él quien podía comprenderme, y que no me inspiraba ni estimación ni entusiasmo, aquel amor no me hacía dichosa cual yo deseaba, y en vez del orgullo que debe sentir un corazón, que encuentra o que busca, yo sentía aquella especie de humillación que nos causa la persuasión de habernos aficionado a un objeto que no nos merece.

Volvimos a la ciudad en el mes de septiembre a asistir a las bodas de mi prima, que se casó entonces con el hombre que amaba. Sus amores y los de Lola Carmona habían comenzado al mismo tiempo, como ya he dicho, y al mismo tiempo casi se casaron ambas, aunque de un modo bien diferente. Mi prima vio aprobada su elección por toda la familia; Lola, contrariada por la suya, se casó depositada y marchó inmediatamente a La Habana con su marido. Así me vi privada de una de mis amigas.

Acompañé al campo a los recién casados, y cuando volví, un mes después, encontré una gran mudanza. Loynaz había sido despedido de la casa, y, bajo el pretexto de que quería marcharse con su marido, mamá había fijado para dentro de tres meses mi matrimonio, que antes señalara para el cumplimiento de mis dieciocho años. El novio a todo se prestaba; ni me amaba (según he creído siempre) ni me aborrecía. Deseaba establecerse con una niña de su familia, que tuviese inocencia y alguna hermosura. Mi abuelo había dicho que yo era la que buscaba, y que me daría además todo su quinto (que ciertamente no era despreciable) si me casaba con aquel hombre. Esto le había decidido a él y esto era lo que le movía.

Al llegar yo a saber las novedades ocurridas, quedé anonadada y sin saber a qué atribuirlas. Pero no tardé en saberlo todo y en sufrir el primero y más terrible de mis desengaños.

26 por la mañana

La despedida de Loynaz y la proximidad de mi casamiento fueron para mí dos golpes tan sensibles como inesperados; pero ¡cómo quedé al saber la mano con la cual me habían sido asestados!... Rosa, mi amiga, mi confidente Rosa, había persuadido a mi mamá que existía una correspondencia amorosa entre Loynaz y yo, que él me inducía a romper mis compromisos, y conociendo ella mejor que nadie la pureza de mis sentimientos y rectitud de mis intenciones, fue bastante vil para aparentar temores de que, arrastrada por la pasión, que me suponía, diese algún paso imprudente e irremediable. ¡Logró completamente su objeto! ¡Y solo tenía quince años aquella mujer! ¡Qué habrá llegado a ser después!

Yo no conocía ni el mundo ni los hombres: era tan inocente e inexperta como en el día en que nací: había creído que Rosa me amaba y que era incapaz su corazón de alguna perfidia. El conocimiento de aquella primera decepción fue para mí un golpe mortal, que cayó de lleno sobre mi alma.

¡Pero admire usted mi candor y sencillez! Rosa logró persuadirme, que solo mi interés y la ternura de la amistad habían decidido aquel paso, y me juró que sus intenciones eran las más puras y desinteresadas. ¡La creí y la perdoné!

Loynaz me escribió, y por primera vez dejó de designar con el nombre de amistad el sentimiento que yo le inspiraba. Refería cómo mamá le había prohibido continuar visitándome y se quejaba de un desaire que no había merecido. «No ignoro, me decía, los compromisos que respecto a usted ha contraído su familia, y usted sabe mejor que nadie con cuanta delicadeza los he respetado, pero, puesto que no se ha sabido apreciar mi conducta, no quiero por más tiempo violentarme: sepa usted que la amo y que a todo estoy dispuesto, si encuentro en usted iguales sentimientos.»

Me pareció que había en aquella carta más orgullo que pasión, pero me conmoví sin embargo. Tratando a aquel joven nunca le hubiera amado, porque su frivolidad, tan visible, era un antídoto colocado felizmente junto a cualquiera dulce emoción que me inspiraba; pero cuando no le vi, cuando le creí desairado injustamente, ofendido y desgraciado por mi causa, mi afecto hacia él tomó una vehemencia, que acaso jamás hubiera tenido de otro modo. Sin embargo, tuve bastante prudencia para dominarme, y en mi contestación le decía que estaba dispuesta a sacrificarme por complacer a mi familia, casándome con un hombre que aborrecía. «No soy insensible a su afecto de usted (le decía al concluir); pero respetaré mis vínculos, y suplico a usted que no vuelva a escribirme.»

No hizo caso de esta súplica, me escribió dos veces más cartas muy apasionadas, invitándome a romper un empeño que le hacía infeliz y a mí igualmente; pero no le contesté y cesó de escribirme.

A pesar de esta conducta tan prudente y de la resignación con que me prestaba a un enlace aborrecido, sufría mucho de parte de mi familia. Mamá era, y es, un ángel de bondad, pero el gran defecto suyo es un carácter tan débil, que la constituye juguete de las personas que la cerca. Mis tíos la inducían a tratarme con rigor y continuamente la disponían en mi contra, interpretando odiosamente las más sencillas operaciones. ¿Y pensará usted que mis tíos deseaban mucho la realización de mi matrimonio? Nada de eso; aparentábanlo así, pero hubiesen dado cualquier cosa por impedir dicho enlace. En primer lugar les pesaban las mejoras que mi abuelo se disponía a hacerme; en segundo, deseaban para su hija mi novio, y acaso al emplear tanto y tan inmerecido rigor conmigo, no tenían otro objeto sino precipitarme a una resolución atrevida, que secundase sus miras secreta: ¡harto lo lograron!

Estaba ya en vísperas de mi matrimonio; casa, ajuar, dispensa, todo estaba preparado. Pero hubo un momento en que no me hallé con fuerza para consumar el sacrificio, uno de aquellos momentos en que se obra sin pensar. Yo dejé furtivamente mi casa, y me refugié con mi abuelo, que estaba en una quinta próxima a la ciudad. Me arrojé desolada a sus pies y le dije que me daría muerte antes de casarme con el hombre que me destinaban.

Aquel rompimiento fue ruidoso; toda mi familia se mostró altamente sorprendida e indignada por mi resolución; mis tíos, que en su interior se regocijaban, fueron los primeros en declararse contra mí; solo en mi abuelo hallé bondad e indulgencia, aunque nadie sintió tanto como él la rotura de un casamiento que él había formado ¡yo sufría mucho!; no ignoraba que la opinión pública me condenaba; ¡despreciar un partido tan ventajoso!, ¡tener el atrevimiento de romper un compromiso tan serio, tan adelantado, tan antiguo!, ¡dar un golpe mortal a mi familia! Esto pareció imperdonable; se dijo, desde luego, que yo era una mala cabeza (mis tíos y mis primas fueron los primeros en decirlo), que mi talento me perdía, y que lo que entonces hacía, anunciaba lo que haría más tarde, y cuánto haría arrepentir a mamá de la educación novelesca que me había dado. Mi padrastro fue entonces a Puerto Príncipe y se apuró la medida de mis sufrimientos.

Una especie de fatalidad que me persigue, hace que siempre se tomen circunstancias y casualidades funestas para hacer parecer más graves mis ligerezas; digo ligerezas, aunque ciertamente no creo que lo fuese la de romper un compromiso que mi corazón reprobaba.

Circunstancias independientes de mí, originaron disgustos entre mi abuelo y mi padrastro. Estos llegaron a ser tales, que mi abuelo salió de casa, donde vivía cuando no estaba en el campo, y se fue a la de uno de mis tíos. El público, que sabía la rotura de mi casamiento y no los disgustos posteriores entre Escalada y mi abuelo, no dejó de declarar que mi abuelo salía de casa altamente indignado conmigo. Mis tíos y mis primas, que siempre vieron con envidia la predilección que mi abuelo tenía por mamá y por mí, se aprovecharon de tenerlo en su casa para combatir dicha preferencia, haciéndole creer que era inmerecida. Pintóseme como una loquilla novelera y caprichosa; dijeron que mamá me perdía con su excesiva indulgencia y la libertad que me dejaba de seguir mis extravagantes y peligrosa inclinaciones; en fin, no desperdiciaron ningún medio para prevenir en contra de mi mamá y de mí al pobre viejo paralítico, que, sin vigor físico ni moral, era una cera a propósito para recibir todas las impresiones. ¡Consiguieron se objeto! Mi abuelo murió tres meses después de mi rompimiento y apareció un testamento, que anulaba el que había hecho a favor de mi mamá y de mí, dejando su tercio y un quinto a mi tío Manuel, en cuya casa murió.

Mi padrastro, para descargarse de la culpabilidad de ser la causa de esta mudanza y de los perjuicios de mamá, pregonaba que por la incomodidad que le causara mi rompimiento, había mi abuelo dejado la casa y variado sus disposiciones a favor de mi tío echando sobre mí la culpa, que solo él tenía. Mi tío y mis primas (que no me perdonaban el tener ningún mérito, ni aún después que me habían robado el afecto de mi abuelo), decían que el golpe mortal que yo le había dado al pobre anciano, había precipitado su muerte; en fin, todo el mundo decía que mi locura en romper el matrimonio, había privado a mi mamá del tercio de mi abuelo y a mí misma de su quinto.

Yo tenía un alma superior a intereses de esta especie, y ¡sábelo Dios!, en las lágrimas que vertí, ninguna fue arrancada por el pesar de perder aquella codiciada herencia. Pero mi corazón estaba desgarrado por las injusticias de que era objeto. Yo tenía el íntimo convencimiento de que mi abuelo no se marchaba de casa por causa de mi rompimiento; sabía cuanta indulgencia y cariño había hallado yo en él después de aquella pretendida locura, que se decía haberle exaltado tanto; ningún remordimiento tenía de ser causa de su muerte; pero, no obstante, sentía que me agobiaba el dolor y el arrepentimiento. ¡Cuántas veces lloré en secreto lágrimas de hiel, y pedí a Dios que me quitase la existencia, que no le había pedido, ni podía agradecerle! ¡Cuantas envidié la suerte de esas mujeres que no sienten ni piensan; que comen, duermen, vegetan, y a las cuales el mundo llama muchas veces mujeres sensatas! Abrumada por el instinto de mi superioridad, yo sospeché entonces lo que después he conocido muy bien: que no he nacido para ser dichosa y que mi vid sobre la tierra será corta y borrascosa.

Faltaba una cosa para colmar la medida de mis pesares y la suerte no me la rehusó. Supe, sin poder dudarlo, que Rosa Carmona y Loynaz se amaban. Solo entonces comprendí los motivos de la anterior conducta de aquella falsa mujer, y el más profundo despreció sucedió en mi corazón una amistad tan indignamente burlada.

Estas fueron las primeras lecciones que me dio el mundo: Esto encontré cuando inocente, pura, confiada, buscaba amor, amistad, virtudes y placeres: ¡inconstancia! ¡perfidia! ¡sórdido interés! ¡envidia! Crimen, crimen y nada más. ¿Soy culpable, pues, de no amarle? ¿Puedo tener ilusiones?... Pero vivo como si las tuviera, porque el mundo amigo mío, se venga cruelmente del desprecio que se le hace. Es preciso aparentar vida en la frente, aunque se lleve la muerte en el corazón.

Por la tarde

Mi única amiga era ya mi prima Angelita; era, como yo, desgraciada, y, como yo, lloraba un desengaño. Su marido, aquel amante tan tierno, tan rendido, se había convertido en un tirano. ¡Cuánto sufría la pobre víctima! ¡y con cuán heroica virtud! Mi cariño hacia ella llegó al entusiasmo, y mi horror al matrimonio nació y creció rápidamente. Yo no trataba sino a mi prima, y aquella vida sedentaria, triste y contemplativa, alteró mi salud. Púseme tan delgada y enferma que, alarmada mamá, me llevó al campo. Allí pasé tres meses de soledad: soledad exterior y soledad del corazón; no mejoré y volvimos a la ciudad. ¡triste, muy triste fue aquella época de mi vida! Aún me aflige el recordarla. Tenía la esperanza de morir pronto, pero momentos tenía en que me parecían demasiado lentos los progresos de mi mal y sentía impulsos de acelerar yo misma su resultado; mis principios religiosos y el amor entrañable que tenía por mi mamá y mi hermano sofocaban este impulso.

Mi padrastro tenía también un salud quebrantada y lo atribuía al clima. Persuadióse que moriría, si no se venía a España, y como no aborrecía la vida como yo, determinó realizarlo. Este proyecto me sacó de mi desaliento; deseaba otro cielo, otra tierra, otra existencia; amaba a España y me arrastraba a ella un impulso del corazón. Disgustada de mi familia materna, anhelaba conocer la de mi padre, ver su país natal, y respirar aquel aire, que respiró por primera vez, Tomé, pues, un empeño, en decidir a mamá en establecerse en este antiguo mundo. Escalada, por su parte, usaba de toda su influencia a fin de determinarla, pintándole mil ventajas en el cambio. Pero mamá resistía apoyada por sus parientes.

A pesar de esto, Escalada vino Puerto Príncipe y empezó a vender tierras y esclavos y a mandar sobre los bancos de Francia todo el numerario posible. Luego, creyendo más fácil decidir a mamá si la sacaba de su país y de su familia, le propuso ir pasar unos meses en Santiago de Cuba, donde estaba de guarnición su regimiento. Todos secundamos sus esfuerzos y lo conseguimos.

Sensible, más sensible de lo que yo creía, me fue el arranque de mi país y la separación de mi prima; pero al llegar a Santiago los objetos nuevos me dieron otra vida.

Santiago de Cuba es una ciudad poco más o menos como Puerto Príncipe y más fea e irregular. Pero su bellísimo cielo, sus campos pintorescos y magníficos, su concurrido puerto y la cultura y amabilidad de sus habitantes, la hacen muy superior bajo cierto aspecto. Tuve en aquella ciudad una aceptación tan lisonjera, que a los dos meses de estar allí ya no era un forastera. Jamás la vanidad de una mujer tuvo tantos motivos para verse satisfecha. Yo fui generalmente querida y obsequiada, y jamás podré olvidar los favores que he debido a los habitantes de Santiago. Entonces volví a tener gusto al estudio y a la sociedad. Hice algunos versos, que fueron celebrados con entusiasmo; entreguéme a las diversiones, en las cuales era deseada y colmada de obsequios. Usted supondrá que no me faltaron aspirantes: tengo algún orgullo en decirlo: los jóvenes más distinguidos del país se disputaban mi preferencia. Ninguno, empero, la consiguió exclusiva. Mi predilecto en un baile era el mejor danzarín; en un paseo, el que montaba con mayor gracia el más hermoso caballo; en tertulia, el que tenía más amena y variada conversación. Ninguna ilusión de amor tuve en Santiago y, por consiguiente, no saqué de ella ningún desengaño. Acaso por esto la amo tanto.

Loynaz fue cuatro meses después que nosotros e intentó renovar sus pretensiones. Excusaba sus amores con Rosa diciendo que ella le había en cierto modo comprometido y me juraba que yo era su único amor y que mi viaje o tenía otro objeto que el de obtener mi perdón y reconciliarse conmigo. Yo no me negué ni a o uno ni a lo otro: Perdonéle y le entregué mi amistad pero fui inflexible con respecto al amor. Antes de volverse a Puerto Príncipe solicitó promesa de seguir con él correspondencia por escrito y, mediante que prometió serían sus carta meramente amistosas, condescendí a su demanda. En efecto, ambos seguimos dicha correspondencia con admirable exactitud hasta su muerte, acaecida medidos del año 37, cuando él cumplía los veinticinco de su edad y yo y estaba en España. Mi padrastro supo aprovechar tan bien su ascendiente sobre mamá, y yo por mi parte lo secundé de tal modo, que al fin logramos determinarla a venir a España. El día 9 de abril de 1836 no embarcamos para Burdeos en una fragata francesa, y sentidas y lloradas, abandonamos ingratas aquel país querido, que acaso no volveremos a ver jamás.

¡Perdone usted!; mis lágrimas manchan este papel; no puedo recordar sin emoción aquella noche memorable en que vi por última vez la tierra de Cuba.

La navegación fue para mi un manantial de nuevas emociones. «Cundo navegamos sobre los mares azulados, ha dicho Lord Byron, nuestros pensamientos son tan libres como el Océano.» Su alma sublime y poética debió sentirlo así: la mía lo experimentó también. Hermosas son las noche de los trópicos, y yo las había gozado; pero son más hermosas las noches del Océano. Hay un embeleso indefinible en el soplo de la brisa, que llena las velas ligeramente estremecida, en el pálido resplandor de la Luna que reflejan las aguas, en aquella inmensidad que vemos sobre nuestras cabezas y bajo nuestros pies. Parece que Dios se revela mejor al alma conmovida en medio de aquellos dos infinitos —¡el cielo y el mar!—, y que un voz misteriosa se hace oír en el ruido de los vientos y de las olas. Si yo hubiese sido atea, dejaría de serlo entonces.

También experimentamos tempestades, y puedo decir con Heredia:

> Al despeñarse el huracán furioso,
> Al retumbar sobre mi frente el rayo
> Palpitando gocé...

Por fin, después de malos y buenos tiempos y de sentir todas las impresiones consiguientes a una larga navegación, el primero de junio saludamos con júbilo las risueñas costas de la Francia.

Los días que pasé en Burdeos me parecen ahora un lisonjero sueño. Abríase mi alma en aquel país de luces y de ilustración. No amé, no sufrí, apenas sé si pensaba. Estaba encantada y mi corazón y mis ojos no me bastaban. Fue forzoso dejar aquella seductora ciudad y no lo hice sin lágrimas.

Ningunas simpatías podía yo encontrar en Galicia, y viniendo de una de las primeras ciudades de Francia, la Coruña me pareció inferior a lo que realmente es, pues hoy la creo una de las más bonitas poblaciones de España. Pero el carácter gallego me desagradaba y el clima me sentaba mal. Sin embargo, acaso me hubiese acostumbrado y se disiparía la primera impresión desagradable que sentí al llegara ella, si motivos inesperados no me hubieran dado reales y positivos pesares.

Por la noche

Mi padrastro se había manejado bien con nosotros hasta entonces: entonces se desenmascaró. Estaba en su país y con su familia, nosotros lo habíamos abandonado todo. Su alma mezquina abusó de estas ventajas.

No molestaré usted con detalles enojosos de nuestra situación doméstica; bástele saber que no hubo pesares ni humillaciones que yo no devore en secreto. Mamá era muy infeliz, y yo carecía de fuerzas para sufrir sus pesares, aunque llevaba los míos con constancia. Mi hermano Manuel tuvo precisión de marcharse al extranjero; tan comprometido se vio por mi padrastro. ¡Oh!, sería de nunca acabar si quisiera contar por menor las ridiculeces, tiranías y bajezas de aquel hombre, que yo deseo y quiero respetar todavía como marido de mi madre. Dios lo sabe, y será algún día juez de ambos.

En aquella situación doméstica tan desagradable conocí a Ricafort y fui amada por él: también yo le amé desde el primer día que le conocí. Pocos corazones existirán tan hermosos como el suyo: noble, sensible, desinteresado, lleno de honor y delicadeza. Su talento no correspondía a su corazón: era muy inferior, por desgracia mía. Conocí pronto esa desventaja: aunque generoso, Ricafort parecía humillado por la superioridad que me atribuía: sus ideas y sus inclinaciones contrariaban siempre las mías. No gustaba de mi afición al estudio y era para él un delito que hiciese versos. Mis ideas sobre mucha cosas le daban pena e inquietud. Temblaba de la opinión y decíame muchas veces: ¿qué lograrás cuando consigas crédito literario y reputación de ingenio? Traerte la envidia y excitar calumnias y murmuraciones. Tenía razón, pero me helaba aquella fría razón.

Aunque mostraba de mi corazón el concepto más elevado y ventajoso, no se me ocultaba que le desagradaba mi carácter. Y me repetía que ese carácter mío le haría y me haría a mí misma desgraciada. Yo me esforzaba en reprimirlo y sofocaba mis inclinaciones por darle gusto; pero esta continuada violencia me entristecía, y, notándolo él, se convencía de que no podría nunca hacerme dichosa. Sin embargo de todo esto, nos amábamos más cada día.

Mis pesares domésticos llegaron a afectarme tanto que necesité desahogar mi pecho y se lo comuniqué: ¡nunca olvidaré aquel momento! ¡Yo vi sus ojos arrasados de lágrimas! Entonces, con aquel acento, que la falsedad no podrá nunca imitar, me rogó aceptase su corazón y su mano y le diese el derecho de protegerme y vengarme.

Muchos día vacilé: mi horror al matrimonio era extremado; pero, al fin, cedí: mi situación doméstica ya insufrible, mi desamparo, su amor y el mío, todo e unió para determinarme, y cundo le dije que consentí en ser su esposa, tomé la decisión de consagrar mi existencia a hacer la suya dichos, y quitármela en aquel momento en que no pudiese llenar ese objeto. Talento, placeres, todo se aniquiló para mí: solo deseaba llenar las severas obligaciones que iba a contraer y hacer canto en mi poder estuviese por aligerar a Ricafort las cadenas que le imponían. ¡Oh, Dios mío! ¿Por qué no pude hacerlo?... Tú sabes si eran puras mis intenciones y sinceros mis votos. ¿por qué no los escuchaste? Yo no aseguré que hubiera amado siempre a Ricafort, porque ¿quién puede responder de su corazón?; pero cierta estoy de que siempre le habría estimado y que nunca le obligaría a maldecir el día en que se uniera a mi suerte, pues si no puedo responder de mis sentimientos, puedo, por lo menos, responder de mis acciones. Pero nada de esto debía ser: la funesta debilidad de mi carácter debía trastornarlo todo.

Nuestra unión no pudo verificarse por de pronto. Él era altivo y yo también: ni uno ni otro queríamos depender de nuestras familias ni un solo día. Gracias mi padrastro mis intereses estaban embrollados, y Ricafort no contaba sino con un sueldo mal pagado. Hice proposiciones racionales a mi padrastro, ¡que no las admitió!; solicité de la corte el derecho de mayoría, pintando mi situación excepcional, pero antes de obtener el resultado fue depuesto Ricafort, padre, y el hijo tuvo orden de reunirse a su regimiento. Hice justicia al General: Conocía su carácter y franqueza y no dudaba que hallaría en él un padre, pero yo tenía demasiado orgullo para entrar en su familia como un mendiga, y decidí no casarme hasta no poder aclarar mis intereses y decir a Ricafort cuáles eran estos y la mayor o menor seguridad que presentaban.

En fin, después de numerosas vacilaciones y penosas escenas, Ricafort marchó a su destino. Dolorosa me fue, muy dolorosa, esta separación, aunque yo estaba muy lejos de creerla eterna, pero, pasados los dos primeros meses, pensé mucho en las diversidades que existían entre Ricafort y yo, y me pregunté a mí misma si aquella superioridad, que él me suponía, no sería, tarde o temprano, un motivo de desunión, y reflexionando en las contras del matrimonio y las ventajas de la libertad, me di el parabién de ser libre todavía. Vino mi hermano por entonces a la Coruña. Mucho necesito ahora de la indulgencia de usted, querido amigo, porque me avergüenzo todavía de mi ligereza. Vino mi hermano y desaprobó la unión. Me representó la triste suerte de los militares en las actuales circunstancias; hablóme con entusiasmo de un viaje, que quería hiciésemos juntos a Andalucía para conocer a la familia paterna (de la cual me hizo elogios que hoy conozco inmerecidos) y de lo dichosa que sería yo con mi mayoría, pudiendo gozar una vida cómoda e independiente, conforme a mis inclinaciones; sobre todo, me dijo, y fue loo que más impresión me hizo, que si me casaba con Ricafort y le seguía, nos separaríamos él y yo para siempre acaso. ¿Qué diré a usted par justificarme?... Nada, nada es bastante. Fui débil e inconsecuente. Marché con mi hermano a Lisboa: no he vuelto a saber de Ricafort.

Si se exceptúa el dolor de la reparación de mamá, puede decirse que dejé con placer Galicia. Eran muy pocas las personas que en ella me merecían algún afecto, y no ignoraba que yo tenía muchos enemigos: De este número eran todos los parientes de Escalada. Gracias al cielo, no podían herirme en mi honor por mucho que lo desearan, pero daban mil punzadas de alfiler a mi reputación bajo otro concepto. Decían que yo era atea, y la prueba que daban era que leía obras de Rousseau y que me habían visto comer con manteca un viernes. Decían que yo era la causa de todos los disgustos de mamá con su marido y la que le aconsejaba no darle gusto. La educación que se da en Cuba a las señoritas difiere tanto de la que se les da en Galicia, que una mujer, un en la clase media, creería degradarse en mi país ejercitándose en cosas que en Galicia miran las más encopetadas, como una obligación de su sexo. Las parientas de mi padrastro decían, por tanto, que yo no era buen para nada porque no sabía planchar ni cocinar, ni calcetar; porque no lavaba los cristales, ni hacía las camas, ni barrí mi cuarto. Según ellas yo necesitaba veinte criadas y me daba el tono de una princesa. Ridiculizaban también mi afición al estudio y me llamaban la Doctora. Una hermana de escalada dio de bofetones a una criada de casa, porque, interrogada respecto a mí, en una casa en que ella había dado tan brillantes informes, tuvo la pobre mujer la extravagancia de decir que yo era una Ángel, y que, lejos de ser imperiosa ni exigente en la casa, todas las criadas me querían por mis buenos modos.

Usted supondrá cuán poco sentiría dejar aquel país, y si podré volver a él con gusto, aún cundo tenga la desgracia de que vuelva él mi familia.

Luego que rompí mis compromisos y me vi libre, aunque no más dichosa, persuadida de que no debí casarme jamás y de que el amor da más penas que placeres, me propuse adoptar un sistema, que ya hacía algún tiempo tenía en mi mente. Quise que la vanidad reemplazase al sentimiento y me pareció que valía más agradar generalmente que ser amada de uno solo; tanto más cuanto ese uno nunca seria un objeto que llenase mis votos. Yo había perdido la esperanza de encontrar un hombre según mi corazón. No busqué y, pues, ni amor ni amistad; deseaba impresione débiles y pasajeras, que me preservasen del tedio sin pro mover el sentimiento. Sin embargo, no podía aturdirme por más que me esforzaba. Separada por primera vez de mamá, sin esperanza de volver a ver a Ricafort (al cual amaba aún), sintiendo más que nunca el vacío de mi alma, disgustada de un mundo que no realizaba mis ilusiones, disgustada de mí misma por mi impotencia de ser feliz, en vano era que quisiera aturdirme y sofocar en mí este fecundo germen de sentimientos y dolores.

Otro desengaño tuve, demás, y no de los menos doloroso. Yo amaba mucho mi hermano, con él había llevado el desinterés hasta un grado que otros me vituperaron; con él había sido siempre afectuosa, condescendiente y delicada. Al verme Sol con él por el mundo esperaba que su conducta correspondiese la mía. ¡Me desengañé muy pronto! Conocí que el hombre abusa siempre de la bondad indefensa y que hay pocas almas grandes y delicadas para no querer oprimir cuando se conocen más fuertes.

Hubiera querido mudar mi naturaleza. Creí que sería menos desgraciada cuando malograse no amar nadie con vehemencia, desconfiar de todos, despreciándolo todo, desterrando toda especie de ilusiones, dominando los acontecimientos a fuerza de preverlos, y sacando de la vida las ventajas que me presentase, sin darles, no obstante, un gran precio. Yo me avergonzaba ya de una sensibilidad que me constituía siempre en víctima.

Más de un año hace que trabajo por conseguir mi objeto; no sé si será trabajo perdido. En este tiempo dos veces he contraído pasajeras relaciones; tan pasajeras, que un de ellas no duró quince días. Mi corazón no la formó; fue la cabeza únicamente, la necesidad de una distracción, el ejemplo de la sociedad en que vivía; nada más. Fueron empeños de sociedad más bien que de amor.

Bien en breve me fastidié, y rompí sucesivamente aquellos semiamores sosos con tanta ligereza como los había contraído. No hablaré del proyecto de mi tío Felipe de casarme en Constatina con un mayorazgo del país y de cómo mi hermano, que tan opuesto era a que yo me casase, tomó un empeño entonces a favor de mi novio. Esto no merece mayores detalles, pues en nada ha influido semejante proyecto en mi corazón y en mi destino. Pero debo extenderme más en la relación de un compromiso recientemente concluido y que usted no ignora. Es preciso no callar nada y que sepa usted los motivo que tuve para formarlo y para concluirlo. ¡los motivos que tuve para formarlo! Embarazada me veré para decirlos. Más no importa. Mi franquea exige que los diga; la delicadeza de ustedle ordena olvidarlos tan luego concluya de leer esta.

Adiós; necesito un momento de descanso.

27 por la tarde

Al mismo tiempo que don Antonio Méndez Vigo comenzó a obsequiarme dirigirme otro algunas atenciones. Ese otro me agradaba más de lo que deseaba. Sentíame inclinada a él por una fuerza extraña y caprichosa y me estremecía el pensar que aún podía amar, tanto más que, creyendo entonces que existía una enorme diferencia entre los caracteres e inclinaciones de dicho aquel sujeto, yo preveía en un nuevo amor un nuevo desengaño. Sin embargo, un instinto del corazón parecía divertirme que era llegado el momento en que debía expiar mis pasadas inconsecuencias, y, sin saber por qué, me sentía dominada.

Sé cuánto más fuerte se hace una inclinación combatida y no quise combatir la mía, pero no quise tampoco entregarme a ella exclusivamente, porque temía se hiciese de este modo omnipotente. Era, pues, preciso oponer la vanidad al sentimiento y distraer con un pasatiempo el interés demasiado vivo que sentía. Prescindo de todo para ser sincera. No me juzgue usted, ¡por Dios!, con severidad.

El hombre que me interesaba se desviaba de mí, y el que no me agradaba redoblaba sus atenciones y asiduidades. El primero me causaba con su influencia en mi corazón serias inquietudes y me picaba con su indecisión; el segundo, me lisonjeaba y me divertía con su amor de niño y me parecía bien poco peligroso.

Hice lo que me preció más conveniente a mi tranquilidad y lo que supuse de menos consecuencia. Admití los afectos del, uno y procuré sofocar los que el otro me inspiraba. ¡ya está dicho todo! Ahora olvídelo usted.

No disimularé que el candor de mi joven mate, su amor entusiasta y mil prendas apreciables que descubría en él llegaron a conmoverme. ¡Pobre niño! ¡cuánto me ha amado!; ¿por qué este caprichoso corazón no supo corresponder dignamente?... ¡No lo sé!

Me inspiraba un afecto sin ilusiones, sin calor; un afecto indefinible, que algunas veces me parecí debía semejarse al que un madre siente por u hijo; no se ría usted de esta comparación. ¿En qué consistía que ese joven no me produjese otra clase de amor? Yo no podré decirlo, porque no lo sé a fe mía. No es mal parecido, ni tonto. Usted lo sabe y aun puedo decir que existen ciertos puntos de simpatía entre nuestro modo de sentir, pero él me amaba a mí como yo amaría si encontrase un hombre según mis deseos. Pero él no era ese hombre; en vano me esforzaba, y a fuerza de decirle que le amaba quería persuadírmelo a mí misma; en vano me reprochaba de caprichosa e ingrata interiormente; ¡en vano! confesaré a usted lo que entonces no quería confesarme a mí misma: Al lado de aquel joven sentía momentos de insoportable tedio, y sus expresiones más apasionadas hallaban frío mi corazón y me producían a veces un no sé qué de hastío.

¡Era esto un capricho inexplicable del corazón porque yo le quería! ¡Sábelo Dios! Yo le quería, repito, pero no podré, sin desmentir mi íntimo convencimiento, decir que le amaba. No puedo explicar esta diferencia, pero la concibo perfectamente.

Estaba él demasiado enamorado para limitar sus deseos a unas sencillas relaciones pasajeras sin duda. Quiso arrancarme la promesa de que sería su esposa y absolutamente la rehusé. Manifestéle mi repugnancia al matrimonio, y tampoco le oculté que mi amor no era de naturaleza tal que me inspirase el deseo de ser suya. Llamóme mujer original, fría, sin corazón. ¡Cuántas lágrimas! ¡Cuántas reconvenciones!

Yo hubiera roto con él, si la compasión no me hubiese inspirado esperar para hacerlo que se pasase, como no dudaba que sucediera, esa exaltación de amor, que entonces le poseía. Le vi padecer tanto que me conmoví, y como se ofrece la Luna a un chiquillo, que llora por ella, le ofrecí que sería suya algún día. Una bagatela le indispuso luego con mamá, y le trataba esta con tal esquivez, y aun desatención, que, ofendida yo, le prohibí, por su propio decoro, venir a casa en algunos días, para que se calmase mamá y hacerla yo entender lo desatenta que estaba con él por un motivo tan pueril. El pobre muchacho creyó ya que no volvería a verme; qué se yo lo que pasó en aquella cabeza. Lo cierto es que hizo mil locuras irreparables. Después de algunos días de afán y mortal inquietud, que mis cartas las más tiernas no podían calmar, cometió la imprudencia de hablar a su padre y escribir a mi hermano, diciendo el deseo y resolución que tenía de casarse conmigo, sin haber consultado antes mi voluntad, acaso porque dudaba de ella.

Interrogada por mi familia, desde luego declaré seriamente que no pensaba en semejante matrimonio, y mi hermano se lo escribió así a Méndez Vigo.

¡Entonces fue Troya! No molestaré a usted con pormenores enfadosos. El pobre chico creo que se trastornó, pues entre mil disparates que dijo e hizo, me escribió una carta (que conservo como casi todas las suyas) en la que me juraba que se daría un pistoletazo si no me casaba con él antes de tres meses.

Temí cualquier cosa de él, mucho más cuando supe que andaba llorando en los paseos y cafés como un loco; tuve, pues, con su situación, todas las consideraciones que exigía, le escribí unas cartas llenas de ternura y le ofrecí que sería suya más tarde.

Pero nada bastó; no sé que espíritu maligno se había apoderado del pobre joven. Saben su amigos hasta qué punto se extraviaba por momentos su razón. La piedad que tal vez me hubiera determinado a casarme con él (a pesar que menos que nunca me inspiraba aprecio ni confianza aquel carácter tan débil ni aquella cabeza tan frágil), si el orgullo de mi nombre no me lo hubiera absolutamente prohibido.

El padre de ese joven, que, según tengo entendido, es responsable a u hijo del dote considerable que le llevó su primera esposa (y que sin duda no deseaba desposesionarse de él, como tendría que hacerlo casándose su hijo), dijo que no aprobaba su matrimonio sino hasta dentro de tres años, pues aún era muy joven para contraer tan serio empeño. En consecuencia a esta manifestación rehusó venir a pedir mi mano, como parece quería su hijo, y este lo amenazó con que pediría al jefe político la licencia que él le negaba. Todo esto pasaba sin que yo supiese nada, ni remotamente lo sospechase. ¡puede usted figurarse mi indignación la primera noticia que llagó a mis oídos! Se apuró mi sufrimiento y rompí enteramente con el imprudente joven, escribiendo al padre una carta donde le manifestaba que jamás había tenido ni remotamente la intención de casarme con su hijo ni con su aprobación ni sin ella. Por tanto, debía mirar como locuras del joven todos los pasos que hubiese dado con ese objeto y le aconsejaba y rogaba le mandase a viajar para distraerle.

Pocas personas sabrán es Sevilla estos pormenores, pero muchos han sido conocedoras de su desesperación y de los reproches que me dirigía en su exaltación. Así es que, por una fatalidad de mi estrella, siempre me condenan las apariencias, se me juzga sin comprender mis motivos. Yo sé que se me censura haber jugado con la sensibilidad de ese joven y se me tacha de inconstancia y coquetería,. ¡ya usted conoce mi culpa!; no he tenido otra sino entablar (como hacen todas en Sevilla) unas relaciones que suponía ligeras y sin consecuencias de ninguna especie; ¡esta es toda mi culpa y sabe Dios cuánto me he arrepentido de ella! Si después no pude resolverme a sacrificar mi libertad y mi delicadeza casándome con él sin la pública aprobación de su padree, ciertamente no merezco por ello censura, y sería muy despreciable mis ojos si hubiera procedido de otro modo. La pasión no me haría faltar mi decoro entrando a la fuerza en una familia; ¡cuanto menos la compasión!

Marchóse, por fin, Antonio y yo respiré; parecióme ver la luz después de una larga prisión o lanzar un peso enorme largo tiempo sostenido.

Lo confieso: quedé cansada de amor; aquel amor delirante y frenético, del que yo no había participado, me causaba fatiga.

Por eso, me fijé más que anteriormente en mi sistema de no amar nunca. Ha jurado no casarme nunca; no amar nunca, y aun me propongo ya abjurar también de todo empeño, aun los más sencillos y pasajeros. Un mes después de la marcha de Méndez Vigo volvió usted.

¡Está concluida mi historia!; pensé antes no haberla escrito sino en ausencia de usted, porque quería entablar con usted correspondencia, pero luego varié de idea porque no pienso ya que debemos iniciarla.

Nada más me resta que decir, caro amigo; ahora recuerde usted mis condiciones. Este original será reducido a cenizas tan luego sea leído, y nadie más que usted en el mundo sabrá que ha existido. Adiós; no sé cuando nos veremos y podré dar a usted este cuadernillo.

Acaso con él voy a disimular la estimación con que usted me favorece y a debilitar su amistad; ¡no importa! ¿Debo sentir el dar armas a usted para combatir una amistad que acaso conviene a ambos deje de existir? Yo seré siempre amiga de usted, aun cuando no exista amistad entre nosotros. Es decir, le estimaré a usted aun cuando cese de manifestarlo.

Adiós, querido amigo; sacuda usted esa melancolía que me aflige. Créame usted: para ser dichoso modere la elevación de su alma y procure nivelar su existencia a la sociedad en que debe vivir.

Cuando la injusticia y la ignorancia le desconozcan y le aflijan, entonces dígase usted sí mismo: Existe un ser sobre la tierra que me comprende y me estima.

Sí, creo comprender a usted y estimarlo; ¡si me engañase! ¡si fuese usted otro de lo que yo le creo!... sería un desengaño más; ¡y qué importa uno más a la que ha sufrido tantos!

P.D. He leído esta y casi siento tentaciones de quemarla. Prescindiendo de lo mal coordinada, mal escrita, etc., ¿debo dársela a usted? No lo sé; acaso no. Ciertamente, no tengo de qué avergonzarme delante de Dios, no delante de los hombres Mi alma y mi conducta han sido igualmente puras. Pero tantas vacilaciones, tantas ligerezas, tanta inconstancia, ¿no deben hacer concebir a aquel a quien se las confieso un concepto muy desventajoso de mi corazón y de mi carácter?

¿Debo tampoco descubrir los defectos de personas que me tocan tan de cerca como lo hago?... No, ciertamente; no debo. Para resolverme a dar usted este cuaderno es preciso que le estime a usted tanto, tanto, que no lo crea un hombre, sino un ser superior.

No sé, pues, qué hacer; lo guardaré y seguiré, para darlo o quemarlo, el impulso de mi corazón cundo vea a usted por primer vez.

Libros a la carta

A la carta es un servicio especializado para
empresas,
librerías,
bibliotecas,
editoriales
y centros de enseñanza;
y permite confeccionar libros que, por su formato y concepción, sirven a los propósitos más específicos de estas instituciones.

Las empresas nos encargan ediciones personalizadas para marketing editorial o para regalos institucionales. Y los interesados solicitan, a título personal, ediciones antiguas, o no disponibles en el mercado; y las acompañan con notas y comentarios críticos.

Las ediciones tienen como apoyo un libro de estilo con todo tipo de referencias sobre los criterios de tratamiento tipográfico aplicados a nuestros libros que puede ser consultado en Linkgua-ediciones.com .

Red ediciones edita por encargo diferentes versiones de una misma obra con distintos tratamientos ortotipográficos (actualizaciones de carácter divulgativo de un clásico, o versiones estrictamente fieles a la edición original de referencia).

Este servicio de ediciones a la carta le permitirá, si usted se dedica a la enseñanza, tener una forma de hacer pública su interpretación de un texto y, sobre una versión digitalizada «base», usted podrá introducir interpretaciones del texto fuente. Es un tópico que los profesores denuncien en clase los desmanes de una edición, o vayan comentando errores de interpretación de un texto y esta es una solución útil a esa necesidad del mundo académico.

Asimismo publicamos de manera sistemática, en un mismo catálogo, tesis doctorales y actas de congresos académicos, que son distribuidas a través de nuestra Web.

El servicio de «libros a la carta» funciona de dos formas.

1. Tenemos un fondo de libros digitalizados que usted puede personalizar en tiradas de al menos cinco ejemplares. Estas personalizaciones pueden ser de todo tipo: añadir notas de clase para uso de un grupo de estudiantes, introducir logos corporativos para uso con fines de marketing empresarial, etc. etc.

2. Buscamos libros descatalogados de otras editoriales y los reeditamos en tiradas cortas a petición de un cliente.

www.ingramcontent.com/pod-product-compliance
Lightning Source LLC
Chambersburg PA
CBHW020437030426
42337CB00014B/1299